AF262061

RENAUD DE VENISE

ET

DE BOISRENAUD

RENAUD DE VENISE

ET

DE BOISRENAUD

CETTE GÉNÉALOGIE

A ÉTÉ ÉTABLIE D'APRÈS DES PAPIERS DE FAMILLE,

TITRES ORIGINAUX,

LETTRES DE NOBLESSE ET DE SERVICE, BREVETS D'OFFICIER,

CONTRATS DE MARIAGE,

ACTES DE FOY ET HOMMAGE, DE NAISSANCE, DE BAPTÊME

ET DE DÉCÈS.

RENAUD DE VENISE

ET

DE BOISRENAUD

Armes : De gueules à la fasce d'or, accompagnée de trois losanges de même,
deux en chef et l'autre en pointe.

———

I. Francesco Regnaldy, gentilhomme milanais, ayant
en l'an 1515, lors de la bataille de Marignan, pris parti
dans les troupes françaises; sous Jean-Jacques Trivulce,
marquis de Végnéano, gouverneur de Milan, capitaine
de cent hommes d'armes lombards et de deux cents
archers, en Italie, maréchal de France sous les rois
Charles VIII, Louis XII et François Ier; continua ses services sous ce même roi François, et, attendu la révolte
et perte du Milanais, en 1521, il fut contraint d'abandonner son pays et ses biens et se retira en Dauphiné,
où il épousa, en 1523, Anne de Brosse, fille de Bernard
de Brosse, gentilhomme du Dauphiné, et d'Agnès Bertier,
et, dès lors qu'il fut marié, il se fit appeler François
Renaud.

Il fut tué au siège de Naples, fait par le Sr de Lau-
trec, en 1528, commandant l'armée française.

Il est père de :

II. Bernard Renaud, qui servit les rois de France
François Ier et Henri II, en leurs guerres, et fut tué, por-

tant les armes pour Sa Majesté, au siège de Boulogne, en l'année 1549, ayant été marié, dès l'an 1547, avec Catherine de la Tour, d'une ancienne famille du Lyonnais, dont il eut :

III. François Renaud ; a aussi servi, comme son père et son ayeul, sous le règne de Charles IX et Henri III et fut marié en 1576 avec damoiselle Marguerite Faure, fille de Jean Faure, écuyer, président de la Cour des Aydes, à Montferrand, en Auvergne, et de damoiselle Antoinette de Mars.

Il est père de :

IV. Jean Renaud, écuyer, seigneur de Chandieu et de Presle, qui, tant pour la considération de sa personne que pour celle de ses ancêtres, qui avaient toujours bien servi la France, depuis qu'ils y étaient établis, fut choisi, par le roi Henri le Grand, pour être un des gendarmes de la compagnie de Monsieur le Dauphin, depuis roi Louis XIII, créée en 1606 ; fut ensuite conseiller du Roi et élu, pour le Roi, en l'élection de Gannat, demeurant en la ville de Cusset, paroisse de Saint-Sathurnin.

Il était fondateur et administrateur de la vicairerie des Renaud, annexe de la Chapelle des Renaud, dite de Notre-Dame de Pitié, en l'église royale et collégiale de Cusset, diocèse de Clermont.

Il fut marié, par traité de l'an 1606, avec demoiselle Anne Allemand, fille de Gilbert Allemand, écuyer, seigneur de Venise, près Cusset, des Granjons et autres lieux.

Il est mort en 1649, chargé d'années et de mérites, et eut entre autres enfans :

1° N... Renaud des Granjons, volontaire dans Effiat, tué d'une mousquetade, aux côtés de son frère, à la tranchée du siège de Dole, en 1634.

2° N... Renaud, tué au combat du faubourg Saint-Antoine, en 1652.

3° François Renaud, qui suit :

V. François Renaud de Venise, écuyer, seigneur de Venise, en la paroisse du Cusset, suivit la trace de ses prédécesseurs, commençant par porter le mousquet en qualité de volontaire; en 1630, cadet aux gardes, il a fait le voyage de Lorraine, lors du traité de Nancy; en 1632, au combat de Castelnaudary, étant dans les Enfans perdus commandés pour la première attaque, il montra qu'il était courageux et fit tout ce qu'un soldat pouvait faire; il était au premier siège de La Motte, par le maréchal de la Force, en 1633; en 1634, au siège de Dole, en Franche-Comté, fait par M. le prince de Condé, il était enseigne du Sr de Biozat, capitaine dans le régiment d'Effiat.

Le roi Louis XIII, après avoir éprouvé plusieurs actes de courage de sa part et lui avoir reconnu un mérite militaire propre à faire concevoir de grandes espérances, le plaça dans sa compagnie des Gendarmes.

En 1640, au siège d'Arras, commandé par Messieurs les maréchaux de Chaulne et de Chatillon, il se signale et se fait connaître pour homme de cœur et de courage; de service contre toutes les sorties que firent les assiégés, dans l'une il fit prisonnier le maréchal-des-logis du colonel qui était en garnison dans la ville; à la défense du siège de Rantzau, il fait prisonnier le lieutenant des Chevau-légers du comte de Buquoy; fut blessé d'un coup de pique dans l'estomac, qui le porta par terre et, n'eût été sa cuirasse, qui rompit le coup, jamais il n'en fût revenu; il était à Bapaume; au siège d'Aire, en 1641, et à Lille, en Flandre, lorsqu'on allait brûler les faubourgs de cette ville.

Au siège de Collioure, en Roussillon, en 1642, il fut blessé au bras et eut un cheval tué sous lui; le récit de cette action ayant été fait à Louis XIII, avec toutes les circonstances qui la rendaient remarquable, le Roi la trouva de nature à être récompensée sur-le-champ, et lui ayant fait donner le plus beau cheval castillan de ses écuries, lui fit dire que « c'était moins pour remplacer celui qu'il avait perdu, qu'afin de l'inviter à continuer ses services ».

Depuis il a été au camp volant commandé par le duc d'Angoulême et aux sièges de Gravelines, Mardick, Dunkerque, Bergue, Furnes, Bourbourg, Béthune, Courtrai, La Bassée et autres places; toujours il a eu le suffrage de ses commandants et les applaudissements de l'armée.

Au siège d'Ypres et à la bataille de Lens il fit des efforts incroyables; fut blessé à la cuisse, dans la chaleur du combat; et après avoir sauvé la vie à un maréchal-des-logis des gendarmes, qui avait eu un cheval tué sous lui, il le retire des mains des ennemis et le ramène à son escadron.

Le 16 janvier 1648, il est nommé Grand-Veneur dans le duché de Bourbonnais.

En 1650, à la levée du siège de Guise et à celui de Bordeaux, il rend des services signalés, puis est employé à des affaires et négociations importantes, dont il s'acquitte avec beaucoup d'intelligence et de fidélité ; aussi, pour lui donner une marque de satisfaction, le 16 mai 1650, le Roi voulut l'attacher à sa personne par une place de Gentilhomme servant.

En 1651 il est aux sièges de Saint-Amand et de Montrond, où il se comporte avec la bravoure et la prudence qui lui sont ordinaires.

Dans l'armée du comte d'Harcourt, il est à la prise de Tours et à celle de la Rochelle, et à la levée du siège de Cognac, où le comte d'Harcourt, n'ayant que 1 200 hommes, moitié cavalerie et moitié infanterie, devait attaquer 800 hommes retranchés, il eut ordre, à la tête de 25 Maîtres, de soutenir les Enfans perdus ; il s'en acquitta avec valeur et intelligence, et donna dans la barricade, où lui et son cheval furent blessés, ce qui excita tant le courage des Enfans perdus que, voyant la cavalerie venir à leur aide, ils donnèrent tête baissée et emportèrent la première barricade, ce qui donna telle épouvante aux ennemis qu'ils quittèrent les secondes ; il tua plusieurs ennemis et fit prisonniers un maréchal-des-logis et trois cavaliers du duc de Richelieu.

Monsieur le comte d'Harcourt, après avoir rendu la plus haute justice à sa valeur et au mérite de cette action, l'envoya au Roi qui, pour récompense, l'attacha à sa personne pendant le quartier de janvier 1652.

La même année, au combat du faubourg Saint-Antoine, son cheval est tué sous lui, et son frère tué à ses côtés; il fut obligé de se retirer, se voyant démonté; puis étant remonté, nonobstant la mousquetade, retourna quérir le corps de son frère qu'il remporta, mort, sur son cheval; action qui fut trouvée hardie et de grande résolution.

Au mois d'avril 1654, Louis XIV, pleinement informé de ses bonnes et louables qualités, de son habileté dans le métier des armes, de son ardeur infatiguable pour le succès des diverses entreprises qui lui ont été confiées, lui accorda des Lettres de Noblesse qui furent enregistrées à la Cour des Aydes de Paris, le 15 juin, avec la plus grande connaissance de cause, car, avant de s'en occuper, on fit faire une enquête avec des témoins tous militaires de premier ordre et des plus hauts grades.

De plus, on voulut entendre les habitants de la paroisse de Comps, son domicile, afin de savoir d'eux s'ils n'avaient pas de motifs à s'opposer à l'enregistrement de ces Lettres de Noblesse; et le procès-verbal de leur assemblée, reçu par Martinet, notaire royal, au bourg de Cressange, le 13 septembre de la même année, contient l'acquiescement de ces habitants, qui déclarent ne contrevenir en rien à ce titre de noblesse, ni exiger aucune indemnité à sa cotte de taille.

Enfin, en 1658, il est nommé Mousquetaire à cheval dans la garde du Roi.

Par contrat du 23 février 1639, devant Bertier, notaire, à Moulins, lequel contrat fut ratifié par dame Anne Allemand, sa mère, devant Guyonnet, notaire, à

Cusset, il épouse damoiselle Hugon de Givry, fille de Pierre Hugon, vivant écuyer, seigneur de Givry, Fouchaut, le Breuil et Forestille, et de dame Anne Rumler, de l'ancienne et illustre famille des Rumler, de la ville d'Augsbourg, en Allemagne. Il eut pour enfans :

1° Jean Renaud de Venise, baptisé, à l'église Saint-Pierre de Moulins, le 10 janvier 1640.

Lieutenant dans le régiment de la Reine-Infanterie, le 4 mars 1663, et capitaine le 24 octobre.

Il est tué le 5 janvier 1667, en la ville d'Amiens, sur la paroisse Saint-Firmin, étant logé rue au Lin, à l'enseigne du *Chapeau Rouge*.

2° Gaspard Renaud, de Thébaud, en la paroisse de Saint-Symphorien, élection de Cusset, fut baptisé en l'église Saint-Sathurnin, de Cusset, le 22 mars 1642 ; a servi dans le régiment de Champagne, en qualité de cadet; dans la citadelle de Marseille; dans le régiment de Turenne, puis s'est retiré, pour quelques raisons particulières, parmi les Prêtres de l'Oratoire de Clermont, où il est mort supérieur.

3° Anne Renaud, baptisée le 25 juillet 1643, à l'église Saint-Pierre, de Moulins ; religieuse au couvent de Notre-Dame, à Gannat.

4° Charles Renaud, des Brandons, en la paroisse de Comps. baptisé le 3 décembre 1644, à l'église Saint-Pierre, à Moulins,

A servi le Roi, en qualité de page, en sa Petite Ecurie, après avoir prouvé, le 30 mars 1659, qu'il est gentilhomme de nom et d'armes et d'ancienne noblesse, originaire du Milanais, de six degrés, le sien compris.

Ensuite il a porté le mousquet, pendant toute la campagne de Hongrie, dans le régiment de Chavigny, en qualité de volontaire ; enseigne dans le régiment de Picardie, le 31 décembre 1664 ; lieutenant dans le régiment de la Marine, le

9 novembre 1665, compagnie de Boursin, passé le 9 mars 1666 dans celle de M. de La Tour, capitaine au régiment de la Reine-Infanterie, le 8 janvier 1667, la compagnie étant vacante par la mort de Jean Renaud de Venise, son frère.

Il est mort en Allemagne, ainsi qu'il est prouvé par les certificats suivants :

« Le sieur des Brandons, lieutenant de mon régiment, a été tué en Allemagne au passage du Weser, près de Minden, étant détaché à la tête d'une garde ordinaire, où il a donné des marques de valeur et de bon officier.

« Le 1er janvier 1679.

« MONGOMMERY,
« Colonel de cavalerie. »

« Le sieur des Brandons, lieutenant de cavalerie, au régiment de Montgommery, a bien et dûment servi pendant la présente campagne, et notamment au passage du Weser, en commandant une garde ordinaire ; il a été tué en donnant des marques de son courage.

« Fait à Weser, le 15 août 1679.

« LE MARÉCHAL DE CRÉQUY,
« Général de l'armée du Roi,
qui agit sur le Rhin. »

(Nous ne pouvons expliquer comment il est mort lieutenant de cavalerie en 1679, puisqu'il était capitaine d'infanterie en 1667.)

5° ISABELLE RENAUD, baptisée le 14 juillet 1646, à l'église de la paroisse de Comps, élection de Moulins, religieuse au couvent de Notre-Dame, à Gannat.

6° CLAUDE RENAUD, DE LA GUERCHE, en la paroisse de Saint-Symphorien, né le 16 février 1649 ; après avoir porté le mousquet, est nommé enseigne dans le régiment de Picardie, le 9 novembre 1665, lieutenant dans le régiment de la Marine, le 10 février 1667, servait encore dans ce régiment, en la compagnie de La Tour qui, le 20 octobre 1671, tenait garnison dans le château vieux de Bayonne. Capitaine dans le régiment d'infanterie de la Reine, en 1672, s'est retiré étant commandant du second bataillon de Périgord, chevalier de l'Ordre royal et militaire de Saint-Louis, et est mort le 22 novembre 1725, sans avoir été marié.

Le 4 février 1717, il s'est présenté, à Moulins, devant le Président et Lieutenant général, en la Chambre du Domaine du Bourbonnais, et le Procureur du Roi, puis : « se sont transportés au devant de la grande et principale porte du château de cette ville de Moulins, principal manoir de Sa Majesté en ce duché du Bourbonnais, ou estant ledit sieur Renaud, ayant posé son espée, bottes et éperons, teste nue, les mains jointes et à genoux, a baisé le verrou de la dite porte, en signe de foy et hommage, pour le fief et seigneurie de la Saulzé, paroisse de Cressange, tel que le doit le vassal à son seigneur ».

7° François Renaud de la Girardière, baptisé le 3 avril 1650; enseigne au régiment de Picardie, le 3 mars 1667, lieutenant dans le régiment de la Marine, le 20 octobre 1671, dans la compagnie de M. de Bouillar, qui tenait garnison dans le château vieux de Bayonne. Fut tué en Hongrie.

8° Louis Renaud de la Girardière, après la mort de son frère, baptisé le 26 août 1651, en l'église Saint-Bonnet et Saint-Jean, à Moulins, enseigne dans le régiment de Picardie, le 3 mars 1667.

Un certificat du 3 août 1726, de Messieurs de la Trésorerie de Moulins, atteste qu'il a le droit de se qualifier : Noble et écuyer.

Il épousa demoiselle N..... de Malvoisine et eut pour enfants :

1° François Renaud de la Girardière, capitaine au régiment de Navarre; il fut tué dans les guerres de Bohême.

Le 20 septembre 1724, il fait, à Moulins, acte de foy et

hommage au Roi, pour lui et ses deux sœurs, pour le domaine de la Saulzé, paroisse de Cressange, qu'ils possédaient par donation de leur oncle Claude.

Le 4 mars 1725, avec ses deux sœurs, accompagnés de François Granet, notaire en la ville de Cusset, pour l'exécution de la donation à eux faite par Claude Renaud, leur oncle : « se sont transportés au lieu de Venise et dans tous les bâtiments du dit lieu ; où estant arrivés, ont fait l'ouverture des portes et fenêtres, tant des chambres basses, hautes, grenier, cave, grange, escuryes et fermé icelles ; et de là se sont transportés dans le jardin y attenant, champ de Venise, bois tailli, y joint, appelé : bois Renaud, les vignes de Vincelles, champ de la Perle, champ de l'Orme ; puis se sont transportés au domaine de Thébaud ; dans toutes lesquelles terres, vignes, cours, jardins et bois, les dits sieur et demoiselles ont pris de la terre aux mains, rompu des branches d'arbres, ceps de vigne et généralement fait tous actes de véritables maîtres propriétaires de tous les susdits lieux à eux donnés et ont pris la vraye, réelle et actuelle pocession d'iceux bâtiments et héritages par l'entrée et sortie qu'ils ont fait, à laquelle pocession personne ne s'y serait opposé. »

2° MARGUERITE RENAUD.

3° MARIE RENAUD.

9° FRANÇOIS RENAUD DE BATENNE, baptisé le 6 octobre 1656, en l'église de la paroisse de Comps ; sous-lieutenant à la suite du régiment de la Reine, le 25 mars 1672 ; lieutenant le 5 mars 1673 ; capitaine le 27 août 1682, dans le régiment d'infanterie d'Aiguyon.

10° JEAN RENAUD DES OUCHES, baptisé le 26 février 1658 ; volontaire, sur le vaisseau du Roi *l'Aimable*, de l'armée navale du Levant, le 12 février 1677.

11° PIERRE RENAUD, baptisé le 29 septembre 1659, en l'église de la paroisse de Comps ; qui suit.

12° ELIZABETH-MARIE RENAUD, baptisée le 11 septembre 1663, étant née le 19 juin.

13°, 14°, 15°, 16° On ignore la date de leur naissance, mais ils étaient morts le 19 juin 1667, lorsque leur père, ayant onze enfants vivants et l'aîné tué pour le service du Roi, demandait la pension de deux mille livres, accordée par Sa Majesté, par édit du 13 décembre 1666, à tous les gentilshommes et leur femme qui auront douze enfants.

VI. PIERRE RENAUD DE VENISE, écuyer, seigneur de Venise, baptisé le 12 novembre 1659, en l'église de la paroisse de Comps; a servi le Roi durant trente années, dont douze lieutenant et dix-huit capitaine, dans le régiment royal des Bombardiers.

Il s'est trouvé au siège de Cambrai, en 1677; assiégé dans Mayence, en 1689; était à Fleurus en 1690; aux siège de Mons et bombardement de Liège en 1691; aux siège de Namur et combat de Steinkerque, en 1692; aux sièges de Lens et de Charleroi et à la bataille de Nerwinde en 1693; aux siège de Dixmude et bombardement de Bruxelles, en 1695; au siège d'Ath, en 1697; assiégé dans Ruremonde, en 1702; commissaire provincial de l'artillerie le 19 mars 1703; au second siège d'Huy, en 1705, à Ramilies en 1706; commandait un détachement dans la ville de Tournai, le 27 octobre 1706; il s'est trouvé à toutes les occasions où le régiment a été et s'est toujours conduit avec honneur, courage et capacité.

Un certificat du 3 août 1726, de Messieurs de la Trésorerie de Moulins, atteste qu'il a le droit de se qualifier : noble et écuyer, ce qui fut confirmé par un arrêt du parlement de Douai, du 10 octobre de la même année.

Il était en garnison à Ypres lorsqu'il épousa, par contrat du 22 novembre 1698, devant Rogeaux et Turard, notaires à Douai, et avec le consentement de son père, donné le 9 mars 1698, devant Houvet, notaire à Clermont, demoiselle Françoise Emmanuel de Broide, fille de Ponthus-François de Broide, écuyer, seigneur d'Auerkerque, et de dame Marie-Anne Fruit.

Par décret du 6 mars 1698, il reçut le droit de bourgeoisie dans la ville de Lille en Flandre, et fut chef du magistrat de la ville de Douai, où il est mort le 8 septembre 1733, sur la paroisse Saint Jacques.

Ses enfants sont :

1º MARIE-ANNE-EMMANUEL RENAUD, baptisée le 1er septembre 1699, morte sans enfants, du mariage qu'elle avait contracté, par contrat du 12 juillet 1721, devant Lenoir et son confrère, notaires royaux de Flandre et d'Artois, à la résidence de Douai, avec Messire Gilbert Hugon, seigneur de Givry, fils aîné de Messire Jacques Hugon, chevalier, seigneur de Givry, et de défunte dame Jeanne-Marie Cordier.

2º HENRI-PIERRE-JACQUES RENAUD, baptisé le 10 novembre 1700, en l'église collégiale et paroissiale de Saint-Amé, à Douai, et qui suit :

3º MARIE-ELIZABETH RENAUD, baptisée le 2 décembre 1701, à l'église collégiale et paroissiale de Saint-Amé, à Douai, morte sans être mariée.

4º MARIE-ANNE-JOSEPH RENAUD, morte sans enfants, ayant épousé, par contrat du 17 avril 1743, Pierre-Bonaventure Villain de Bréande, capitaine au régiment Royal-Artillerie, mort à Moulins, le 10 juin 1780, fils de Messire Bonaventure Villain de Bréande, écuyer, capitaine au régiment Royal-Artillerie, brigadier des armées du Roi, et de Marie-Jeanne Bechut, demeurant à Auxerre.

VII. Henri-Pierre-Jacques Renaud de Boisrenaud, chevalier, seigneur de Boisrenaud, Embourg, les Vesvres, Lepaud, terres situées en Bourbonnais; baptisé, le 13 novembre 1700, en l'église collégiale et paroissiale de Saint-Amé, à Douai; mort âgé de cinquante-six ans, le 25 mars 1757, enterré le lendemain dans l'église paroissiale de Saint-Pierre, à Lille, en Flandre.

Lieutenant réformé dans le régiment de Charlu, le 6 avril 1724, passe lieutenant dans le régiment de Levis-Cavalerie, le 18 août 1726; aide-major, pour tenir rang de capitaine, le 26 août 1738; capitaine dans le régiment de Rohan, le 30 mars 1742; chevalier de l'ordre royal et militaire de Saint-Louis le 18 avril 1745.

Il épouse, par contrat du 28 janvier 1744, devant Delobet et Macquart, notaires à Lille, auquel contrat sont jointes les dispenses de la Cour de Rome, à cause de la parenté du deuxième au troisième degré, demoiselle Marie-Rose-Joseph Cardon, baptisée le 9 septembre 1719, en l'église de Saint-Pierre, à Lille; décédée à Moulins, le 11 ventose an VII (1798), fille de feu Gaspard-François Cardon, vivant écuyer, seigneur de Beaufremez, conseiller du roi, général-provincial des monnaies de Flandre, Artois et Hainaut, et d'encore vivante Anne-Marie-Joseph Dumoutier.

Le mariage fut célébré le 26 février 1744, et, en conséquence de ce mariage, il a été accordé au sieur de Boisrenaud, par acte du 17 avril de la même année, droit de bourgeoisie en la ville de Lille, en Flandre.

Il avait acheté par acte du 6 juin 1745, devant Chapia, notaire à Paris, les terres, fiefs et seigneuries d'Embourg, les Vesvres, Lépaud et dépendances, pour la somme de 105.000 livres, de M. Giles Brunet d'Evry, baron de Chatelmontagne.

Mme Renaud de Boisrenaud, étant veuve, avait acheté, par contrat, devant Magnier, notaire à Paris, le 5 janvier 1769, les lieu et domaine de Sagonne, situés à Sancoins, de Philippe de Noailles et de Anne-Claude-Louise d'Arpajon, son épouse.

Demeurant à Moulins (Allier), rue de l'Aumône, devant Joseph-Antoine Bougant, notaire en cette ville, Madame Renaud de Boisrenaud fait son testament, le 20 pluviôse an VII (1798) et nomme pour son exécuteur testamentaire Michel Dufour, juge au tribunal civil du département de l'Allier, déclarant qu'elle a pour seul héritier son petit-fils, Joseph-Antoine-Frédéric Renaud Bois-Renaud, auquel elle donne pour tuteur le citoyen Guetton, son fermier, demeurant à Seauve, lequel elle prie de vouloir accepter cette charge en mémoire d'elle.

Ils ont pour enfants :

1° N... Renaud de Boisrenaud, baptisé en septembre 1744, en l'église Saint-Pierre, à Lille en Flandre; enterré en la même église.

2° N... Renaud de Boisrenaud, baptisé en septembre 1745, en l'église paroissiale de Saint-Jean, ancienne de Saint-Bonnet, à Moulins, en Bourbonnais; mort en février 1746 et enterré en la même église.

3° Antoine-Louis-Joseph Renaud de Sagonne, chevalier, comte de Sagonne, baron de Jouy, Augy, Le Villeneuve, Le Veudre, Château-sur-Allier, Mornay, en partie, terres situées en Bourbonnais; né le 11 octobre 1746, baptisé le lendemain à l'église de Saint-Bonnet, à Moulins ; capitaine au régiment d'Artois-Dragons, chevalier de l'Ordre royal et militaire de Saint-Louis ; décédé à Moulins le 2 mai 1793, sans postérité, ayant pour seul héritier son frère puîné Pierre-Joseph.

Comme il avait été porté sur la liste des émigrés, tous ses biens furent saisis et vendus par la nation.

Il avait épousé, par contrat du 10 novembre 1769, devant les notaires de Bar-le-Duc, Aimée-Thérèse de Nettancourt, fille de Marie-Joseph, comte de Nettancourt, demeurant au château de Fains, et de Marie-Anne Magot.

4° N... Renaud de Boisrenaud, né le 24 décembre 1747, et ondoyé le même jour, en l'église de Saint-Jean, à Moulins ; enterré le 9 mars 1750, en l'église Saint-Pierre, de Moulins.

5° Joseph-Marie Renaud de Boisrenaud, né le 2 janvier 1749.

6° Antoine Renaud de Boisrenaud, né en 1750, mort le 12 août 1762, chez M. Renouard, maître de pension, rue de Picpus, paroisse Sainte-Catherine, à Paris.

7° Pierre-Joseph Renaud de Boisrenaud, né le 11 mai 1752, qui suit.

VIII. Pierre-Joseph Renaud de Boisrenaud, chevalier, seigneur de Boisrenaud, Embourg, les Vesvres, Lépaud, né à Moulins, le 11 mai 1752, mort à Paris, rue Cassette, 34, âgé de soixante-trois ans, le 27 avril 1816 ; chevalier de l'ordre royal et militaire de Saint-Louis, enterré au cimetière du Père-Lachaise, 44ᵉ division, 1ʳᵉ ligne.

Sous-Lieutenant à la suite, du régiment Royal-Normandie, le 17 juin 1770, et sous-lieutenant le 1ᵉʳ juin 1772 ; installé le 2 septembre suivant, par M. le marquis de Castries, mestre de camp du régiment.

Il avait épousé, par contrat passé le 28 août 1779, devant Duriez, notaire, à Lille en Flandre, Marie-Angélique du Chambge de Liéssart, née et baptisée le 18 mai 1754 en l'église Saint-Étienne, à Lille, morte en 1805, en Angleterre; fille de feu Charles-Hubert du Chambge, écuyer, seigneur de Liéssart, conseiller du Roi en ses conseils, premier président au bureau des finances et domaines de la généralité de Flandre, Hainaut et Artois, conseiller du Roi à l'audition des arrêtés et comptes des États de Lille, Douai et Orchies, et d'encore vivante dame Anne-Emmanuel-Sophie Turpin.

En faveur de ce mariage, M. de Boisrenaud reçoit, de la ville de Lille, en Flandre, par ordonnance du 5 novembre 1779, droit de bourgeoisie, en cette ville.

Au moment de la Révolution, M. de Boisrenaud, obligé de quitter la France, se réfugiait en Hollande où sa femme mettait au monde un fils, Antoine-Frédéric-Joseph.

« Peu de jours après sa naissance, ils furent contraints de quitter cet asile et de fuir devant les armées de la République française qui envahissaient la Hollande.

« Nous avons sur les premières circonstances de sa vie un document du plus touchant intérêt; c'est un acte de reconnaissance, une sorte de testament, où se révèlent les sollicitudes d'un père et la foi d'un chrétien aux prises avec l'adversité. On ne le lira pas sans émotion; nous le copions sur le texte original :

« Ne pouvant, dans les adversités et les tribulations « qui nous affligent, emmener notre fils, nouveau-né,

« avec nous, sans lui faire courir les risques d'une mort
« certaine, je certifie, soussigné, que : Antoine-Frédéric-
« Joseph Renaud de Boisrenaud est fils de moi, Pierre-
« Joseph Renaud de Boisrenaud, natif de Moulins,
« province de Bourbonnais, en France, et de Marie-
« Adrienne-Angélique du Chambge, mon épouse, native
« de Lille, dans la Flandre française; que mon dit fils
« est né à La Haye, dans mon logement, chez M. Scinkin-
« Buger, épicier, sur le Nauwchauven, le 31 décem-
« bre 1794.

« Ma femme n'ayant point de lait n'a pu le nourrir,
« malgré le grand désir qu'elle en avait, et, après de
« vains efforts, a été obligée de le mettre en nourrice
« chez la femme....

« Mon dit fils a été baptisé, le même jour de sa
« naissance, par le curé de la paroisse des Carmes, de
« la Haye.

« Nos malheurs nous obligent à l'abandonner; nous
« le recommandons, premièrement, à la Providence de
« Dieu, ensuite aux soins de M. et Mme de la Chapelle
« qui nous ayant, comme compatriotes, témoigné le
« vif intérêt qu'ils prenaient à nos peines, ont bien
« voulu nous en donner cette preuve, bien sensible et
« touchante, dont je ne perdrai jamais le souvenir et
« dont nous aurons toute la vie la plus grande recon-
« naissance.

« J'ai laissé à M. de la Chapelle la somme de cinq
« louis pour payer les mois de nourrice, qui se montent
« à 10 florins chacun, promettant de lui donner de
« mes nouvelles et de lui envoyer les nouveaux secours

« qui pourraient être nécessaires à notre enfant, de
« l'endroit où j'aurai choisi un asile.

« O mon fils, dans un âge aussi tendre et où les
« soins d'un père et d'une mère vous seraient si néces-
« saires, ils vous abandonnent, hélas! ce n'est pas sans
« avoir le cœur extrêmement serré et les yeux remplis
« de larmes; la nécessité, seule, les force à un tel
« sacrifice, le plus grand qu'ils aient fait de leur vie!
« Puisse le Ciel vous rendre à nos embrassements, à
« notre tendresse !

« Mais si un sort cruel vous privait des auteurs de
« vos jours, n'oubliez jamais qu'ils vous recommandent
« d'être constamment attaché à notre sainte religion
« catholique et à toutes les vertus qui en découlent;
« c'est la seule marque qu'ils vous demandent d'un
« tendre ressouvenir pour eux.

« Signé : RENAUD DE BOISRENAUD.

« Fait à la Haye, le 13 janvier 1795. »

« L'Angleterre offrit un asile aux nobles proscrits,
mais la comtesse de Boisrenaud y mourut en 1805; sa
santé déjà compromise le fut encore plus par les douleurs de l'exil et la dure nécessité qui la séparait de
son fils.

« Le séjour du comte de Boisrenaud en Angleterre
nous est peu connu, nous savons seulement qu'il y mena
une existence des plus modestes; c'était si difficile alors
de faire parvenir, de France, des secours aux émigrés !
et plus d'une fois le noble exilé dut au dévouement et
à l'intelligence de son incomparable serviteur, Antoine

Guipon, d'être préservé des rigueurs de la pauvreté. »
(*Mémorial de l'Allier*, 1ᵉʳ mai 1869.) Il ne rentra en
France qu'en 1814.

Il avait eu pour enfants :

1º MARIE-ANTOINETTE-THÉRÈSE RENAUD DE BOISRENAUD, née à
Lille en 1780, morte à Moulins, le 6 août 1789.

2º FÉLICITÉ RENAUD DE BOISRENAUD, née en 1783, morte en 1788.

3º ANTOINE-JOSEPH-FRÉDÉRIC RENAUD DE BOISRENAUD, né le 31 décembre 1794, qui suit.

IX. ANTOINE-JOSEPH-FRÉDÉRIC RENAUD, comte de BOIS-
RENAUD, né pendant l'émigration à la Haye, Hollande,
le 31 décembre 1794.

« Pendant que son père sacrifiait les douceurs de la
patrie à l'énergie de ses convictions, M. de Boisrenaud avait été ramené en France et confié à sa grand'-
mère paternelle, qui habitait Moulins.

« C'est dans cette ville que s'écoulèrent ses plus
jeunes années; il fut ensuite envoyé à Paris, pour y
faire ses études, sous le célèbre abbé Liautard, et conserva toujours pour ce maître vénéré le plus affectueux
souvenir. Les liaisons amicales qu'il forma dans cette
maison ont duré autant que sa vie, et les derniers sur-
vivants ont connu, jusqu'à la fin, la route et l'hospita-
lité du manoir d'Embourg.

« Cependant des jours meilleurs se levaient pour les
pauvres proscrits. On était au lendemain du départ de
Napoléon pour l'île d'Elbe; les portes de la patrie
s'ouvraient aux exilés; les émigrés rentraient en France

de toutes parts; ceux d'Angleterre débarquaient en nombre à Calais.

« M. de Boisrenaud accourut y recevoir son père, son père qu'il n'a jamais vu, qu'il connaît seulement par ses lettres, remplies des conseils de la plus haute sagesse et de la plus inflexible vertu.

« Que de scènes touchantes se passèrent alors ! que de larmes de joie échangées entre les exilés qui arrivent et les parents qui les reçoivent sur le sol de la patrie !

« M. de Boisrenaud est au milieu de la foule, impatient de reconnaître celui auquel, pour la première fois, il pourra dire : Mon père ! Certains traits de famille l'ont fait reconnaître du fidèle serviteur, Antoine Guipon, qui lui dit, en l'abordant : « Vous êtes bien M. de « Boisrenaud. Vous cherchez votre père ? Le voici. » Et le bon serviteur contemple avec émotion une scène que nous ne pouvons décrire et qui serait digne du plus haut pinceau.

« M. de Boisrenaud ne jouit pas longtemps de la présence de son père, qui mourut en 1816, deux ans après son retour.

« Bientôt après une illustre alliance remplit le vide qui s'était fait autour du jeune comte et apporta un nouvel élément de vie, de bonheur et d'espérance dans l'antique domaine de ses pères.

« Depuis lors sa vie s'écoula dans l'exercice du bien et dans la pratique de toutes les vertus chrétiennes; il en avait puisé le germe dans ses traditions de famille; sa vie entière en a été le développement. Homme de foi et de convictions sincères,les lois de la religion furent toujours la règle de sa conduite.

« Parmi les vertus qu'on admirait en lui, il y en a une qui prime sur toutes les autres : la bonté de son cœur; bon, prévenant et indulgent pour tous, il ne fut dur que pour lui-même; aussi cette vertu, aimable entre toutes, lui gagna-t-elle tous les cœurs.

« Il était doué d'un esprit actif, pénétrant et cultivé, d'une intelligence élevée, secondée par la mémoire la plus heureuse. Il conserva jusqu'à la fin cette activité d'esprit et de caractère, et l'on eût dit que sa nature avait conservé quelque chose des événements tourmentés au milieu desquels il prit naissance; et ce n'est pas un médiocre bienfait du Seigneur de lui avoir épargné les douleurs d'une longue maladie. La mort ne l'a pas surpris! la mort du vrai chrétien peut être subite, elle n'est jamais imprévue.

« La Providence ne lui a pas accordé la consolation de transmettre son nom et ses vertus à un héritier qui pût les perpétuer parmi nous; et la résignation à ce sacrifice n'a pas été sans mérite devant Dieu.

« Aucune œuvre de charité ou de bienfaisance ne le trouva jamais indifférent, mais deux surtout perpétueront son nom et sa mémoire; c'est l'installation de deux écoles chrétiennes dont la générosité des nobles époux a doté la ville de Souvigny; devenu comme le père adoptif d'une nombreuse famill·, avec quelle sollicitude ne l'avons-nous pas vu songer à tout ce qui concernait ses deux chers établissements; comme il était heureux et empressé, à la fin de chaque année scolaire, de venir couronner les succès et encourager les efforts de ses enfants.

« Hâtons-nous d'ajouter que sa mort ne saurait compromettre l'avenir du bien ; Mme la comtesse de Boisrenaud, dont la grandeur d'âme est connue de tous, poursuivra, seule, le cours des bonnes œuvres qui jusque-là se sont faites en commun, et les habitants de Souvigny, en conservant la mémoire du bienfaiteur, verront se perpétuer les fruits de la même bienfaisance. » (*Mémorial de l'Allier*, 1er mai 1869.)

Il est mort à Paris, sur la paroisse Saint-Thomas d'Aquin, le 22 avril 1869, et repose au cimetière du Père-Lachaise, à côté de son père.

« Son pied a marché dans les droits chemins, il a eu le zèle du bien et c'est pour cela qu'il ne sera pas confondu. » (*Eccles.*, v.) « Il était simple et droit, et craignant Dieu, et s'est écarté du mal. » (*Job*, xvii.) « Il a gardé son âme et il s'est souvenu de Dieu, de tout son cœur, et il est resté inébranlable en sa crainte. » (*Tob.*, i et ii.) « Il a répandu ses biens sur les pauvres, sa justice demeure de siècle en siècle. » (*Ps.* iii.)

Il avait épousé, à Paris, en l'église Saint-Thomas d'Aquin, le 2 décembre 1823, Georgette-Claudine de Beaurepaire, née à Chalon-sur-Saône, le 26 juillet 1806, morte au château d'Embourg, à Souvigny (Allier), le 2 janvier 1892, fille de Joseph-Claude-François, marquis de Beaurepaire, pair de France, et de Pierrette-Jeanne Chiquet.

« Sa longue carrière a été tout entière consacrée aux œuvres de charité et de bienfaisance ; les pauvres de

Souvigny, les Religieuses, les Frères connurent l'inépuisable générosité, la bonté inaltérable de cette chrétienne de race, de cette femme au cœur noble et grand. » (*Le Courrier de l'Allier*, 5 janvier 1892.)

« Retirée dans son château d'Embourg, elle continue, seule, les œuvres commencées en commun, et en assure l'existence avec le concours de M. le curé de Souvigny et de M. Léonce Taillefert. »

En 1837, M. de Boisrenaud avait établi, à Souvigny, une maison de religieuses; en 1856, Mme de Boisrenaud dote la même commune d'une maison d'éducation chrétienne pour les garçons; et appelle, pour la diriger, les Petits-Frères de Marie, fondés au commencement de ce siècle par M. l'abbé Champagnat, dont la maison-mère est à Saint-Genis-Laval (Rhône).

Ils sont installés dans une maison achetée rue de Nevers, à laquelle elle est obligée d'ajouter un bâtiment pour deux classes; l'école ouverte, les enfants arrivèrent en si grand nombre que bientôt la construction d'une troisième classe devint nécessaire; elle fut faite aussitôt.

« Peu après, l'abbé Ogerdias, curé de Souvigny, guide discret de sa générosité, trop vite, hélas! rappelé à Dieu, obtenait une rente pour les séminaristes peu fortunés, ainsi que le presbytère et ses dépendances. »

C'est en 1857, le 9 août, que M. et Mme de Boisrenaud achetèrent la maison servant de presbytère, à Souvigny, et le 14 novembre 1876, Mme de Boisrenaud faisait don de cet immeuble au diocèse de Moulins, Monseigneur l'évêque ayant été autorisé à accepter ce legs par le décret suivant :

« L'évêque de Moulins (Allier), tant en son nom qu'au nom de ses successeurs, est autorisé à accepter la donation faite au diocèse de Moulins, par la dame Claudine-Georgette de Beaurepaire, veuve du sieur Antoine-Frédéric-Joseph de Boisrenaud, suivant acte notarié du 14 novembre 1876, consistant en une maison avec cour, jardin, verger et dépendances, sise à Souvigny, estimés 18 000 francs, pour que, suivant les circonstances, les évêques successifs en fassent l'usage qu'ils jugeront le plus utile au bien de la paroisse de Souvigny.

« Fait à Paris, le 21 avril 1877.

« Signé : Le Maréchal de MAC-MAHON

« Par le Président de la République,
« *Le Garde des Sceaux, Ministre de la Justice et des Cultes,*
« Signé : L. MARTEL. »

A la suite de la donation qu'elle fit à la Congrégation hospitalière et enseignante des Sœurs de Saint-Joseph, dites du Bon-Pasteur de Clermont-Ferrand, par acte reçu : Taillefert, notaire à Souvigny, le 14 août 1870, à la charge d'entretenir à Souvigny, trois sœurs de son Ordre, pour donner des soins aux pauvres et aux malades et donner gratuitement l'enseignement aux enfants pauvres, le conseil municipal charge M. le Maire de lui transmettre l'extrait de sa délibération à ce sujet :

« Le conseil, à l'unanimité déclare qu'il ne peut qu'avoir pour très agréable la donation faite par Mme de Boisrenaud, assurant généreusement l'instruction gratuite aux enfants pauvres et le soin des malades.

« Il prie M. le Maire de vouloir bien adresser à la donatrice, au nom du Conseil, une lettre de remerciement, exprimant toute la satisfaction que les membres présents ont éprouvée en prenant connaissance de cette bienveillante donation, si avantageuse pour les habitants de Souvigny.

« Souvigny, le 9 septembre 1871.

« *le Maire,*
« Signé : CORTET. »

Enfin, voulant assurer l'école des Frères comme elle avait assuré l'école des Religieuses, elle fit, au mois d'octobre 1891, avec le concours de M. l'abbé Roffat, curé de Souvigny, la fondation nécessaire à ce sujet.

« Je ne sais pas refuser, disait-elle souvent, à qui me demande au nom du Sacré Cœur. »

« Elle passa dans la retraite les dernières années de sa vie, occupée au soulagement des pauvres et se préparant à la mort avec un calme et une confiance qui ont fait l'admiration de tous ceux qui en ont été les témoins.

« C'est là qu'elle s'est révélée avec cette simplicité et cette bonté qu'elle conservait toujours, même au milieu des impétuosités de son ardent caractère.

« Quand elle vit ses forces faiblir, elle demanda au chapelain dévoué, le R. P. Aupec, de la Compagnie de Jésus, qui l'encourageait de ses exhortations, de vouloir bien la préparer à recevoir les consolations suprêmes de la religion.

« Les serviteurs en larmes s'agenouillaient autour

d'elle; elle les remercie des soins dont ils l'ont entourée et leur demande chrétiennement pardon.

« Et après cet acte touchant d'humilité, en présence des prêtres de la paroisse, elle reçoit, de M. le curé de Souvigny, le viatique nécessaire pour le grand voyage et le sacrement qui aide à bien mourir.

« Arrivent le premier jour de l'an et les lettres qui souhaitent de longs jours : « Ah ! oui, dit-elle, j'espère vivre « bien des années auprès du bon Dieu. » Elle demande qu'on lui lise seulement les signatures et a un dernier souvenir pour les personnes qui ont ainsi pensé à elle.

« Elle prie le docteur de lui dire combien de temps il lui reste à vivre; elle le remercie de ses services, et, quelques heures après, pressant avec amour son crucifix sur ses lèvres, elle rend doucement son âme à Dieu, en disant : « *Amen, amen.* Ainsi soit-il ! »

Elle avait quatre-vingt-six ans : « Toujours grande « pendant sa vie, elle a laissé en mourant un exemple « héroïque de courage et de vertu. » (*Mach.*, v, 31.) « Ses aumônes cachées dans le sein du pauvre prieront « pour elle. » (*Eccles.*, xxiv, 2.) « A son heure dernière « elle a souri à la mort. » (*Prov.*, xxxi.)

« Malgré les tendres souvenirs qui semblaient devoir lui faire fixer ailleurs sa sépulture, elle a voulu rester au milieu de Souvigny, dont elle a été la bienfaitrice; ceux qui l'ont connue, ceux qui ont eu part à ses bienfaits auront la consolation de pouvoir s'agenouiller sur sa tombe.

« Elle reste encore au milieu de Souvigny par ses œuvres : elle survit dans cette école qui continuera, sous la direction dévouée des Frères, à donner l'instruction aux enfants ; elle survit dans cette école de Religieuses qui se dévoueront à l'enseignement et visiteront, comme par le passé, les pauvres familles malades.

« Son souvenir restera au cœur des malheureux dont elle adoucissait les privations et les souffrances par ses généreuses aumônes.

« Ils ne l'oublieront pas non plus, ces jeunes gens, à l'instruction desquels elle a si largement contribué et qui lui doivent les différentes positions sociales où la Providence les a placés.

« Dieu avait donné à Mme la comtesse de Boisrenaud tous les déshérités pour enfants ; elle les avait chrétiennement adoptés ; Souvigny dira d'elle : Elle a passé en faisant le bien.

« Que cette pensée soit une consolation pour sa famille en deuil. » (UN ENFANT DE SOUVIGNY. — *Le Messager Mémorial de l'Allier*, 5 janvier 1892.)

PARIS

IMPRIMERIE D. DUMOULIN ET Cie

5, rue des Grands-Augustins, 5